An Mhaighdean Mhara

ÁINE NÍ DHÍORAÍ
a chóirigh an scéal

MYLENE O'CONNOR
a mhaisigh

Oiriúnach do pháistí 8 – 11

AN GÚM
Baile Átha Cliath

Bhí fear ina chónaí cois farraige uair. Lá amháin
bhí sé thíos ar an gcladach ag baint feamainne.

Thóg sé a cheann uair agus d'fhéach sé thart air. Cad a chonaic sé píosa uaidh ach bean óg álainn agus í ina suí ar charraig!

Ach níor ghnáth-bhean í seo. Bhí eireaball uirthi!
Is ea, eireaball mar a bhíonn ar iasc. Maighdean
mhara ba ea í.

Chonaic an fear brat ildathach ina luí lena
hais. Shleamhnaigh sé suas taobh thiar di
agus sciob sé an brat. As go brách leis
abhaile agus chuir sé an brat i bhfolach.
Bhí a fhios aige nach bhféadfadh an
mhaighdean mhara dul ar ais go dtí a
muintir gan a brat.

Shíl an bhean óg é a leanúint chun a
brat a fháil ar ais. Chomh luath agus a
bhain a heireaball leis an bhféar glas
d'imigh an t-eireaball agus tháinig dhá
chos uirthi cosúil le bean ar bith eile.
Ach faoin am sin ní raibh radharc ar bith
aici ar an bhfear a sciob a brat. Shuigh sí
síos ar charraig agus í faoi bhrón.
Cad a dhéanfadh sí ar chor ar bith? Ní
fhéadfadh sí aghaidh a thabhairt ar a
muintir faoin bhfarraige gan a brat.

Tar éis tamaill d'fhill an fear óg. Labhair sé go milis mealltach leis an mbean óg álainn. Dúirt sé nach bhfaca sé bean chomh hálainn léi riamh agus go raibh sé go mór i ngrá léi.

Mheall sé agus mheall sé í ar feadh i bhfad. Faoi dheireadh gheall sí go bpósfadh sí é. Bhí gliondar croí ar an bhfear óg.

Cúpla lá ina dhiaidh sin pósadh iad. Bhí lá mór acu féin agus ag muintir an bhaile. Bhí spraoi agus spórt, ól agus ceol ann ar feadh an lae.

Shocraigh siad síos agus bhí
saol sona sásta acu. Le
himeacht aimsire rugadh triúr
páistí dóibh — beirt
bhuachaillí agus cailín amháin.

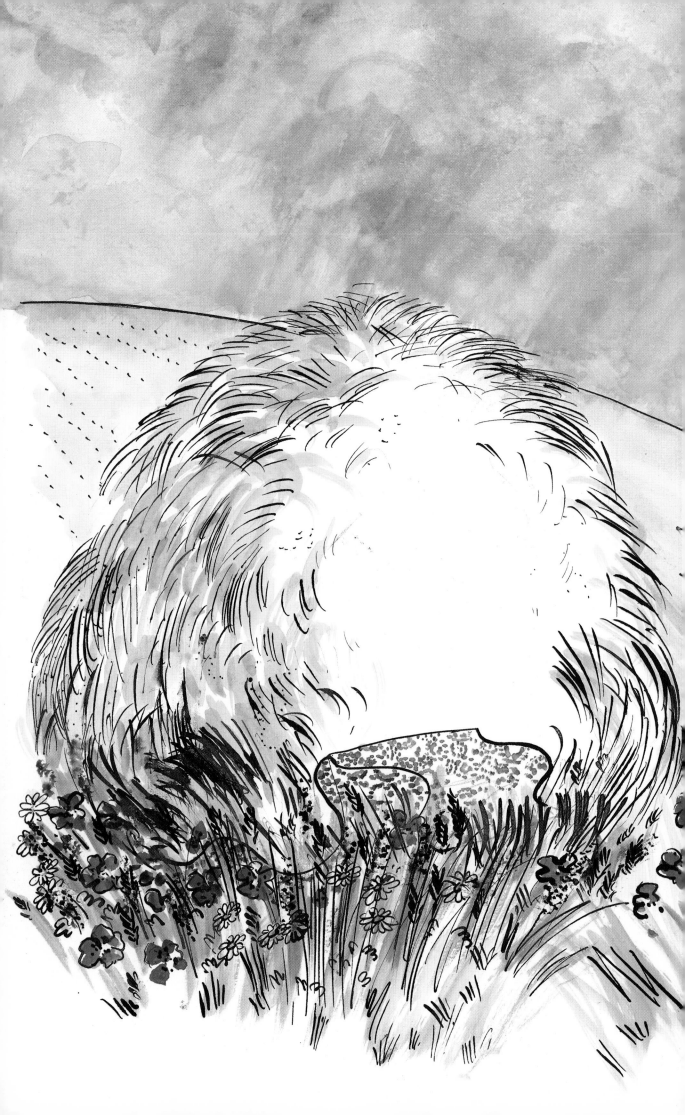

Ach bhí eagla ar an bhfear go
bhfaigheadh a bhean an brat.
Ní fhágadh sé in aon áit é
ach tamall gearr ar eagla go
dtiocfadh sí air. Lá amháin
chuir sé an brat i bhfolach i
gcoca féir.

Bhí aonach ar an mbaile mór cúpla míle
slí uathu an lá dár gcionn. Chuaigh an
t-athair ar an aonach chun bó a dhíol.
Bhí spórt mór ag na páistí an lá sin —
ag rith agus ag rásaíocht agus ag
sleamhnú ar na cocaí féir.
Go tobann thug an buachaill ba shine faoi
deara go raibh píosa éadaigh ag gobadh
amach as an gcoca féir.

Tharraing sé amach é
agus rith an triúr acu
abhaile láithreach
chun é a thaispeáint
dá Mamaí.

Bhí áthas ar a máthair an brat a fháil ar
ais...

ach bhí brón uirthi freisin. Rinne sí a
dícheall an scéal a mhíniú do na páistí.
Phóg sí an triúr acu arís agus arís eile
agus d'fhág sí slán acu.
Ansin thug sí a haghaidh síos i dtreo na
farraige.
Lean na páistí síos chun na trá í.

Amach léi san fharraige
agus í ag canadh.

Nuair a tháinig an t-athair abhaile ón aonach an tráthnóna sin dúirt na páistí leis go raibh a Mamaí báite san fharraige.

'Níl Mamaí báite,' arsa an t-athair. Bhí áthas mór ar na páistí nuair a chuala siad é sin.

Gach tráthnóna as sin amach nuair a chloiseadh
na páistí a máthair ag canadh thíos ar an
gcladach rithidís síos chuici. Chíoradh sí gruaig
an chailín bhig fad agus a bhíodh sí ag caint leo
go léir.

Ní raibh brón ná uaigneas ar na
páistí níos mó. Thuig siad go raibh
a máthair ina maighdean mhara
arís. Thuig siad freisin go raibh
grá mór aici dóibh go léir.

© Rialtas na hÉireann 1992
ISBN 1-85791-042-7
Arna chlóbhualadh in Éirinn ag
Mount Salus Press Tta

Le ceannach díreach ón Oifig Dhíolta Foilseachán Rialtais,
Sráid Theach Laighean, Baile Átha Cliath 2,
nó ó dhíoltóirí leabhar.

An Gúm, 44 Sráid Uí Chonaill Uachtarach, Baile Átha Cliath 1.